VUES DES CHATEAUX DU BLÉSOIS

AU XVIIe SIÈCLE

Par André FÉLIBIEN

VUES

DES

CHATEAUX DU BLÉSOIS

AU XVIIe SIÈCLE

Par ANDRÉ FÉLIBIEN

Dessins illustrant le manuscrit
des « Mémoires pour servir à l'Histoire des Maisons royalles
et Bastimens de France »
conservé au château de Cheverny.

PUBLIÉS PAR

Frédéric & Pierre LESUEUR

PARIS

LIBRAIRIE GÉNÉRALE DE L'ARCHITECTURE ET DES ARTS DÉCORATIFS

CH. MASSIN, Éditeur

51, RUE DES ÉCOLES, 51

1911

Cette étude a été aussi publiée dans le journal L'ARCHITECTURE

organe de la Société Centrale des Architectes (Année 1911).

VUES DES CHATEAUX DU BLÉSOIS

AU XVIIe SIÈCLE

Par André Félibien

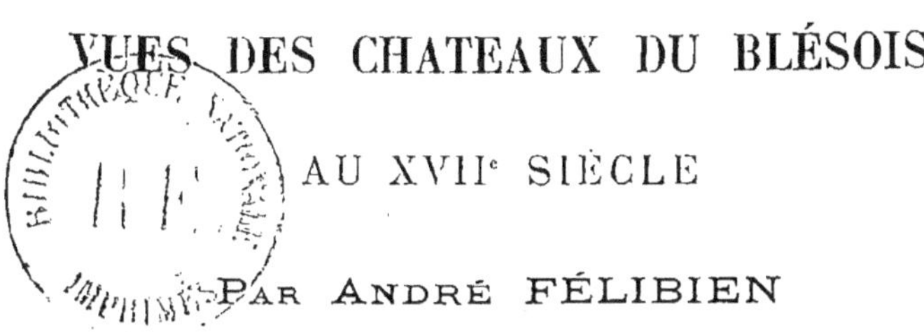

La publication que nous présentons aujourd'hui aux historiens et aux artistes mettra à la portée de tous une des plus importantes séries de documents que nous possédions sur l'histoire des châteaux des bords de la Loire. On connaît l'intérêt des *Mémoires pour servir à l'histoire des Maisons royalles et bastimens de France* d'André Félibien, sieur des Avaux, écrits en 1681. Il nous suffira de rappeler que cet ouvrage est une suite de notices historiques et descriptives des grands châteaux de la région blésoise, celui d'Amboise excepté. Le titre semblait annoncer davantage : peut-être le travail est-il resté inachevé, ce qui expliquerait qu'il soit demeuré inédit jusqu'au xixᵉ siècle. Dans quelles circonstances fut-il composé? on l'ignore également : mais la volonté d'un tel ouvrage ne saurait étonner de la part de l'érudit qui avait reçu le titre d'historiographe des bâtiments du roi en 1666 et celui de membre et secrétaire de l'Académie d'architecture depuis sa fondation en 1671. Cette œuvre nous est d'un grand prix, tant par les descriptions des monuments aujourd'hui détruits, mutilés ou transformés qu'elle renferme, que surtout par les renseignements historiques qu'elle donne. Ceux-ci ont d'autant plus de valeur à

nos yeux que la plupart des édifices étudiés appartiennent au
xvie siècle et que l'on sait la pénurie des documents écrits
concernant cette période. Enfin, ce qui augmente encore le
mérite de ces indications, c'est qu'elles paraissent dignes
d'une grande créance : Félibien avait en ces matières une
méthode critique singulièrement plus rigoureuse que celle
des historiens d'art de son époque, qui volontiers traitaient
légèrement le côté historique de leur tâche. La Bibliothèque
nationale possède un inestimable manuscrit (fonds français 11.179) qui renferme l'analyse très complète et très
détaillée des comptes des Bâtiments du roi de 1528 à 1570 (1) ;
un autre volume aujourd'hui perdu comprenait la période de
1571 à 1599. Ce volume porte l'ex-libris de Jean-François
Félibien des Avaux, fils d'André, et l'on a conjecturé, non
sans vraisemblance, qu'il avait été composé pour son père (2).
Y a-t-il eu un premier volume qui aurait compris le premier
quart du xvie siècle? ce n'est pas impossible; il faut remarquer cependant, à l'encontre de cette hypothèse, que ce
volume aurait été entièrement indépendant des deux autres
et, par ailleurs, que cette date de 1528, qui est celle du
commencement des travaux de Fontainebleau, était regardée
à l'époque de notre auteur comme marquant le commencement de la Renaissance des Arts. Du moins ce travail, s'il
est réellement le fait d'André Félibien, indique-t-il chez
celui-ci un grand souci d'information exacte et précise. En
tous cas, ce souci se révèle suffisamment à la seule lecture
des *Mémoires*; on y sent à chaque instant l'important travail
de documentation qui a précédé la composition de cette
étude; les sources utilisées transparaissent au travers du
texte et nous montrent la confiance que l'on doit accorder
aux affirmations de cette œuvre, grâce à laquelle nous con-
naissons beaucoup de faits qui, par la perte des textes origi-
naux, seraient toujours demeurés ignorés de nous.

On a quelque lieu de s'étonner que ce travail, bien qu'il ait

---

(1) Edition préparée par Léon de Laborde et publiée après sa mort
par J.-J. Guiffrey pour la Société de l'histoire de l'art français, *Les
Comptes des Bâtiments du Roi*, Paris, J. Baur, 1877-1880. 2 vol. in-8°.

(2) Guiffrey, *Avertissement* de l'édition précitée, t. I, p. xvii.

été connu au moins dès le premier quart du xixe siècle, n'ait été publié cependant qu'en 1874 par Anatole de Montaiglon (1). Mais ce qui est plus surprenant encore, c'est qu'en présence de deux manuscrits, qu'il connaissait également et dont il avouait très nettement la supériorité de l'un, Montaiglon ait délibérément publié l'autre.

Nous possédons, en effet, deux manuscrits de l'ouvrage de Félibien. L'un est conservé à la Bibliothèque nationale (fonds français 3.860) ; l'autre appartient à M. le marquis de Vibraye et est conservé dans la bibliothèque de son château de Cheverny (canton de Contres, arrondissement de Blois, Loir-et-Cher). Ils paraissent avoir été exécutés à la même époque ; l'écriture est semblable, mais à vrai dire très impersonnelle ; la reliure est analogue ; le texte ne présente point de différence de l'un à l'autre. Mais, tandis que l'exemplaire de la Bibliothèque nationale ne renferme qu'un dessin, celui du vieux clocher de Chartres, l'exemplaire de Cheverny est accompagné de trente et une grandes planches qui représentent les monuments et lieux décrits dans l'ouvrage. On sent assez le prix de ce complément. C'est cependant l'exemplaire de la Bibliothèque nationale qui fut publié en 1874 par Montaiglon, avec, naturellement, la seule planche qui l'accompagne. Si cet érudit se montrait surpris de pouvoir alors publier un ouvrage inédit d'André Félibien, combien le pouvons-nous être davantage qu'il ait fait cette publication d'une façon aussi incomplète ! C'est cette regrettable lacune que nous voulons combler aujourd'hui en publiant les dessins du manuscrit de Cheverny, — ou du moins la majeure partie d'entre eux : nous dirons dans un instant les raisons de l'exclusion des autres.

L'origine de ce manuscrit est assez difficile à préciser. Sa présence est signalée à Cheverny dès le commencement du xixe siècle (2). Au xviiie siècle il a certainement appartenu à

---

(1) *Mémoires pour servir à l'histoire des maisons royalles et bastimens de France*, par André Félibien, sieur des Avaux (publication de la Société de l'histoire de l'art français), édité par A. de M. [Anatole de Montaiglon], Paris, J. Baur, 1874, in-8° de xiv et 104 pp. et une planche.

(2) Louis-Athanase Bergevin, dans son *Histoire de Blois et du département de Loir-et-Cher* (1821, ms. de la Bibliothèque municipale de Blois,

la Bibliothèque du roi, devenue la Bibliothèque nationale, car on trouve sur le feuillet du titre et sur le dernier feuillet le petit timbre à l'encre rouge de cet établissement; il était alors classé dans l'ancien fonds français sous la cote 8.427ᵃ et provenait plus anciennement du fonds de Baluze, acquis en 1719 par la Bibliothèque du roi, où il était porté sous la cote 164. Les deux cotes *Reg. 8.427ᵃ* et *Baluz. 164* sont en effet inscrites d'une écriture ancienne sur le feuillet du titre.

Mais voici où la question se complique : nous avons dit que la Bibliothèque nationale possédait un autre exemplaire de cet ouvrage aujourd'hui classé dans le fonds français sous la cote 3.860 ; or, ce second exemplaire présente également sur les premier et dernier feuillets le petit timbre à l'encre rouge de la Bibliothèque du roi, et il a de même porté le n° 164 dans le fonds Baluze et le n° 8.427ᵃ dans l'ancien fonds français. Pourtant les anciens inventaires et catalogues de ces fonds ne mentionnent qu'un seul exemplaire sous les cotes 164 et 8.427ᵃ. Y aurait-il eu, au xviiiᵉ siècle, substitution à la Bibliothèque royale de l'exemplaire actuel à l'exemplaire plus précieux qui se trouve aujourd'hui à Cheverny par un amateur peu scrupuleux, qui, pour dissimuler son larcin, aurait apposé sur le manuscrit qu'il substituait le timbre de l'établissement et les cotes portées sur l'exemplaire qu'il dérobait? cela n'est pas impossible, mais ce n'est qu'une hypothèse et qui ne laisse pas de soulever bien des difficultés.

Enfin, nouvelle complication, Montaiglon, dans la préface de son édition, publiée en 1874, assure que les catalogues de l'ancien fonds français mentionnaient un exemplaire qui manquait depuis longtemps, et que c'est seulement dans les dernières années avant le moment où il écrivait qu'on avait retrouvé l'exemplaire qu'il a publié et qui est actuellement

n° 99, pp. 184-185), donne des renseignements évidemment extraits de l'ouvrage de Félibien. La Saussaye, dans sa *Notice sur le domaine de Chambord* (Chambord et Blois, 1834, in-12°, p. 16), y fait une allusion très claire. Enfin cet auteur s'y réfère explicitement dans la 2ᵉ édition de son *Château de Blois* (Paris, Techener, 1840, in-4°, p. 232).

à la Bibliothèque nationale (1). Or, nous venons de dire que ce second exemplaire se trouvait certainement à la Bibliothèque du roi au xviiie siècle et, d'autre part, que les anciens inventaires tant du fonds Baluze que du fonds français ne mentionnent qu'un manuscrit de cet ouvrage. Il semble donc bien que Montaiglon a dû commettre quelque confusion et que ce renseignement, au moins tel qu'il le donne, est erroné (2).

Quoi qu'il en soit, le manuscrit de Cheverny forme un volume de 131 feuillets numérotés de 6 à 136, plus quelques feuillets de garde au début ; il mesure 355 millimètres sur 235 millimètres. L'écriture est une belle calligraphie de l'époque de Louis XIV. Le titre, inscrit sur le folio 6 r°, est le suivant : *Mémoires — Pour seruir à l'Histoire des — Maisons Royalles, et — Bastimens de France — par A. Felibien — 1681.* Au-dessous est une vignette lavée à l'encre de Chine, représentant une ruche d'abeilles avec la légende : *Sic vos.* Au bas du folio 136 et dernier, se trouve également un dessin lavé à l'encre de Chine, représentant un paysage champêtre avec un laboureur, un paysan qui tond un mouton, un berger qui garde un troupeau de moutons et des ruches d'abeilles, avec la devise : *Sic vos non vobis.* La reliure ancienne est en maroquin rouge ; les plats n'ont aucun ornement ; au dos sont des fleurons dorés sans caractère héraldique, avec le titre abrégé : MEM. POVR — L'HIST. — DES MAIS. — ROYALLES ; quoi qu'en dise Montaiglon, on ne voit nulle part les armes du roi. Les tranches sont dorées. C'est en définitive un très bel exemplaire d'une exécution remarquablement soignée.

Nous arrivons aux planches qui donnent tant de prix à ce manuscrit. Elles sont au nombre de trente et une et sont consacrées aux monuments et lieux décrits dans le texte. Chacune occupe une double page montée sur onglet et

____

(1) A. de Montaiglon, Introduction de l'édition précitée, p. vi.

(2) Une grande partie des renseignements que nous venons de donner sont dus à une très obligeante communication de M. Omont, conservateur du département des manuscrits à la Bibliothèque nationale, auquel nous sommes heureux de pouvoir adresser ici nos remerciements.

mesure ainsi 355 millimètres sur 440 millimètres, marges comprises. Les détails d'architecture, les paysages et les vues du modèle de Chambord sont des dessins au trait, lavés à l'encre de Chine ; les ensembles monumentaux et les plans et cartes sont des dessins au trait rehaussés d'aquarelle. Les plans et les figures du clocher de Chartres exceptés, il s'agit toujours de vues perspectives ; il n'y a pas d'élévations géométrales. L'exécution en est assez naïve et sans grande adresse, et leur mérite artistique est nul. Au point de vue documentaire, au contraire, leur valeur est considérable, bien que naturellement très inégale. En effet, les planches, qui représentent des monuments encore existants, ne peuvent rien nous apprendre ; du moins ont-elles cette utilité de nous fixer sur le degré de confiance qu'on doit accorder aux autres : or, si l'on peut y relever quelques erreurs de proportions et de perspective et quelques négligences dans le dessin des détails d'ornementation, elles sont cependant, dans l'ensemble, d'une grande fidélité et témoignent de ce souci d'exactitude que Félibien a montré dans son texte. D'autres planches, au contraire, ont par elles-mêmes un grand intérêt : telles sont celles qui représentent, au château de Blois, la statue équestre de Louis XII qui surmontait la porte d'entrée et qui fut brisée à la Révolution, ou le buste de Gaston d'Orléans par Sarrazin et les figures allégoriques de Guillain, qui ornaient la façade intérieure de l'aile due à ce prince et qui furent détruits à la même époque ; si nous avons sans doute des unes et des autres d'autres représentations, ce n'est précisément que par leur comparaison qu'on peut se former une opinion critique et réfléchie. Précieuses aussi sont les planches qui reproduisent ce fameux modèle de Chambord, autour duquel on a tant disserté, peut-être en partie faute de les avoir vues et pour en parler seulement par la description insuffisante que Félibien donne en son texte. Il ne faut pas non plus omettre de signaler la planche qui nous donne l'aile du château de Chaumont démolie au xviiie siècle, et également celle qui figure le château de Menars avant les grandes transformations qu'il subit au temps de Mme de Pompadour et du marquis de Mariguy. Encore ne mentionnons-nous que le plus précieux et négligeons-nous bien des détails qu'on peut glaner çà et là.

Nous ne publions ici que les vingt-cinq premières planches du manuscrit. La trente et unième et dernière est consacrée aux coupes et élévations du clocher de Chartres, qui forment l'unique figure du manuscrit de la Bibliothèque nationale, et a déjà été publiée dans l'édition de M. de Montaiglon. Les cinq autres se rapportent à cette étude des carrières des environs de Blois, qui forme l'avant-dernier chapitre de l'ouvrage de Félibien : ce sont une carte donnant la situation des carrières, et des vues des lieux où s'exploitaient les principales, Saint-Victor (1), Saint-Gervais, Vineuil et Bourré. Quel que soit l'intérêt technique de cette question de la qualité des pierres, qui était l'objet d'une des études préférées de Félibien, la vue des endroits d'où on les tirait n'y apporte aucune contribution, et ces planches parfaitement insignifiantes ne nous ont pas paru mériter d'être reproduites.

A chaque planche nous joindrons une notice comprenant : 1° l'indication du monument ou du lieu auquel se rapporte la planche ; 2° le titre de la planche tel qu'il est inscrit dans le manuscrit au-dessous de chaque dessin ; 3° les folios du manuscrit où se trouve le dessin reproduit ; 4° une mention indiquant si le dessin est exécuté en noir et blanc (plume et lavis) ou en couleurs (plume et aquarelle) ; 5° quelques notes explicatives dans lesquelles nous nous attacherons surtout à signaler les modifications apportées au monument reproduit depuis l'époque où fut exécuté le dessin jusqu'à nos jours.

Avant de terminer ces explications, nous tenons à remercier M. le marquis de Vibraye, qui, avec une obligeance parfaite, a mis à notre disposition le précieux manuscrit de Félibien et nous a donné toutes facilités pour l'étudier à loisir et prendre les photographies que nous reproduisons, en même temps que la gracieuse autorisation de les publier.

---

(1) Le siège de cette paroisse a été transféré à l'ancien hameau de La Chaussée. Le dessin de Félibien nous montre l'aspect de l'église de Saint-Victor aujourd'hui disparue et qui était située à la place du cimetière actuel de La Chaussée.

Nous devons aussi témoigner notre gratitude à la Société Centrale des Architectes français, qui a bien voulu nous donner pour cette publication l'hospitalité de sa revue et nous permettre ainsi de contribuer dans la mesure de nos moyens à l'histoire de l'art français. C'est un devoir bien agréable pour nous d'exprimer aux uns et aux autres toute notre reconnaissance.

PLANCHE I

CHATEAU DE BLOIS

PLAN DU CHÂSTEAU DE BLOIS

(Fol. 11 v° et 12 r°. — Dessin à la plume et à l'aquarelle.)

Ce plan a été publié antérieurement, mais avec des inexactitudes, par La Saussaye, *Histoire du Château de Blois*, sept éditions de 1840 à 1875.

Le château de Blois se trouvait en 1681 à peu près dans l'état où il est actuellement. Ce plan révèle cependant quelques différences, du reste déjà connues par ailleurs. 1° Les bâtiments et ouvrages de fortification qui formaient l'entrée de l'édifice (lettre A du plan) ont été détruits dans le courant du xix° siècle. 2° Devant la façade extérieure de l'aile de Louis XII, à l'endroit où elle joint la Salle des États, figure ici une construction abritant un puits, lequel a continué d'être en usage pendant la plus grande partie du xix° siècle. 3° Devant la façade intérieure de l'aile de François I°ʳ s'étendait, à l'ouest du grand escalier, une galerie à arcades sensiblement postérieure au reste de la façade. Démolie vers le milieu du xviii° siècle, elle avait été restituée par Duban, lors de la restauration du château, mais d'une façon si défectueuse qu'elle ne subsista pas quarante ans. 4° A l'extrémité sud-est de l'aile de Gaston d'Orléans et attenant à la chapelle, on voit un pavillon rectangulaire, qui, demeuré inachevé, a été démoli en 1825. Quelques constructions de peu d'importance, qui se voient ici à l'est de ce pavillon, ont également disparu. 5° On démolit aussi vers la même époque les bâtiments situés entre ce pavillon et la cour, notamment une partie de la galerie dite de Charles d'Orléans, qui rejoignait alors l'aile de Gaston d'Orléans. 6° La Galerie des Cerfs (lettre O du plan), qui établissait une communication directe entre le château et la terrasse de l'Eperon (lettre P du plan) et les jardins, a été démolie.

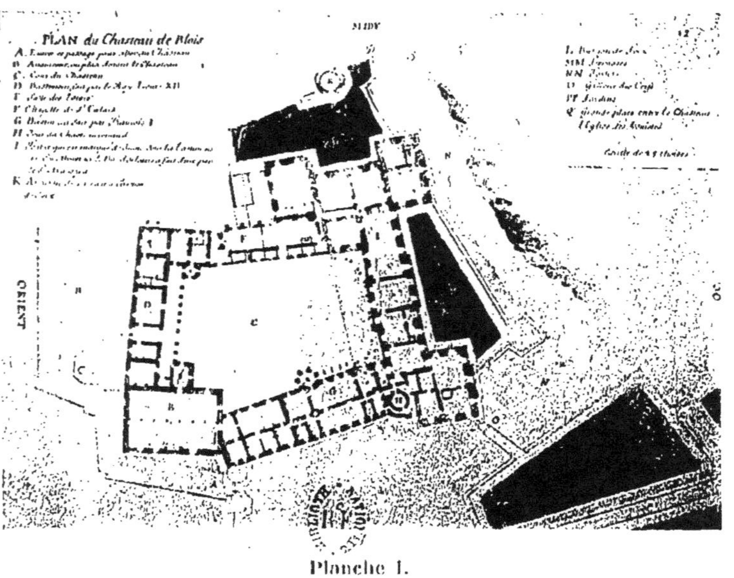

MIDY
ORIENT
PLAN du Chasteau de Blois
A. Entrée et passage pour aborder l'Chasteau
B. Avant cour, ou plan devant les Chasteaux
C. Cour du Chasteau
D. Bastiment fait par le Roy Louis XII
E. Salle des Estats
F. Chapelle de St Calais
G. Bastiment fait par François I
H. Tour du Chasteau en rond
I. ...
K. ...
L. ...
MM. ...
NN. ...
O. ...
P. Jardins
Q. grande place entre le Chasteau et l'Eglise des ...
Echelle de ... toises
Planche 1.

PLANCHE II

CHATEAU DE BLOIS

FACE DU CHASTEAU DE BLOIS DU COSTÉ DE L'AUANT-COUR

(Fol. 16 v° et 17 r°. — Dessin à la plume et à l'aquarelle.)

La façade extérieure de l'aile de Louis XII représentée par ce dessin subsiste encore et n'a subi aucune modification importante. Mais on remarquera, à droite, une grande construction dans le style de la seconde moitié du xvie siècle, dont le rez-de-chaussée formait un passage voûté, par lequel on accédait à l'avant-cour (aujourd'hui place du Château) de la place des Jésuites (aujourd'hui place Victor-Hugo); elle a été démolie en 1860. A l'angle de cette construction et de l'aile de Louis XII se voit un petit bâtiment sans caractère qui renfermait le puits dont il a été question ci-dessus. A gauche de l'aile de Louis XII est un autre bâtiment à rez-de-chaussée voûté et à deux étages, qui fut détruit vers le milieu du xixe siècle. L'hôtel d'Amboise, qui est représenté à la gauche du dessin, existe encore. Au-dessus de cet hôtel, à l'arrière-plan, on aperçoit la partie supérieure de ce pavillon inachevé et aujourd'hui démoli de l'aile de Gaston d'Orléans, dont il a été parlé au sujet de la planche I.

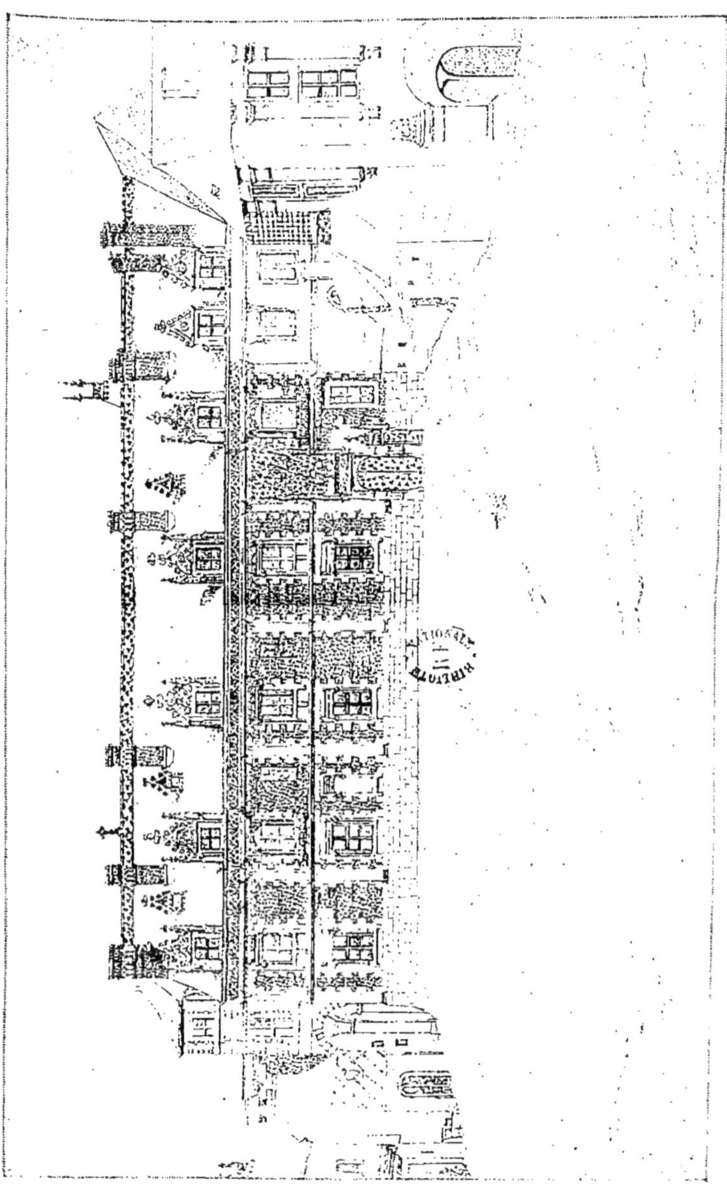

Planche II.

PLANCHE III

CHATEAU DE BLOIS

ORNEMENS DE LA FACE DU CHASTEAU
DU COSTÉ DE L'AUANT-COUR

(Fol. 18 v° et 19 r°. — Dessin à la plume et au lavis.)

Les motifs de la façade précédente représentés dans cette
planche — une cheminée, deux lucarnes, une fenêtre à
balcon du premier étage, un fragment de la balustrade du
toit et la statue équestre de Louis XII qui surmonte le
portail — ont été déjà publiés par La Saussaye, *Le Château
de Blois*, 2° édition (la statue seule est reproduite dans les
autres éditions). Les premiers existent encore, plus ou
moins restaurés, et l'on peut constater que ces reproductions, quoique exactes dans l'ensemble, ne sont pas, pour les
détails et le style des ornements, d'une fidélité très rigoureuse. Quant à la statue, elle fut brisée le 20 août 1792 et ce
dessin est une des meilleures reproductions qui en aient été
conservées; il a d'ailleurs servi à Seurre pour l'exécution de
la réplique moderne qui se voit aujourd'hui au-dessus de la
porte du château.

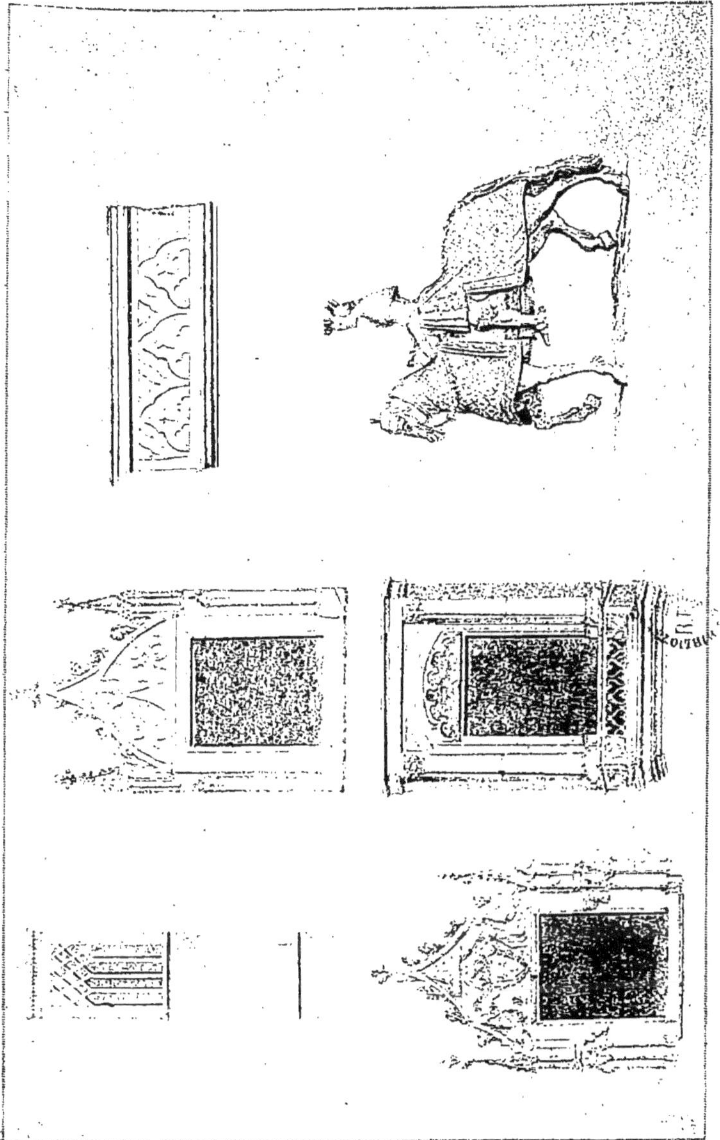

Planche III.

PLANCHE IV

CHATEAU DE BLOIS

FACE DU BASTIMENT DE LOUIS XII
DU COSTÉ DE LA COUR DU CHASTEAU

(Fol. 21 v° et 22 r°. — Dessin à la plume et à l'aquarelle.)

Dans le mur de la Salle des États, qui occupe la gauche de ce dessin, on voit, près d'une grande croisée Renaissance. deux petites fenêtres superposées, qui sont aujourd'hui murées; les ouvertures inférieures ont aussi été modifiées. Au-dessus de la toiture de la Salle des États et paraissant adossé au pavillon contenant le grand escalier de l'aile de Louis XII, est un petit appentis qui a également disparu. A droite du dessin, une sorte de pont fait communiquer, au niveau du premier étage, la tour du petit escalier avec les bâtiments adossés à la chapelle; les travaux de restauration ont fait disparaître les dernières traces de ce passage, dont le style paraît d'ailleurs bien postérieur à celui des bâtiments voisins. On remarquera qu'à la base du toit du corps de logis principal, il n'y a, entre les lucarnes, nulle trace de la balustrade qui a été assez maladroitement ajoutée à cette place lors de la restauration.

Planche IV.

PLANCHE V

CHATEAU DE BLOIS

VEÜE DU BASTIMENT DE FRANÇOIS I
ET D'UN DES PAUILLONS DE FEU MONSIEUR LE DUC D'ORLÉANS
DU COSTÉ DES JÉSUISTES

(Fol. 24 v° et 25 r°. — Dessin à la plume et à l'aquarelle.)

A gauche, on distingue l'entrée fortifiée dont les derniers vestiges sont disparus lors de la restauration du château. A droite, on voit, assez inexactement représentée, la Galerie des Cerfs, qui faisait communiquer le château avec la terrasse de l'Eperon et les jardins, et dont une partie avait déjà été démolie pour la construction de l'aile de Gaston d'Orléans. L'aile de François 1er elle-même avait été légèrement modifiée par l'addition de petits appentis élevés sur les balcons et qui furent d'ailleurs supprimés lors des travaux de restauration.

Planche V.

PLANCHE VI

CHATEAU DE BLOIS

FACE DU BASTIMENT DE FEU MONSIEUR LE DUC D'ORLÉANS
DU COSTÉ DE LA COUR DU CHASTEAU

(Fol. 29 v° et 30 r°. — Dessin à la plume et à l'aquarelle.)

Cette planche nous montre la façade de l'aile de Gaston
d'Orléans, élevée par François Mansard, avec toutes les
sculptures qui la décoraient alors et qui ont été très mutilées
depuis cette époque; on y remarque notamment les quatre
groupes qui surmontaient la colonnade et qui n'existent plus
aujourd'hui. On voit, à gauche du dessin, la galerie dite de
Charles d'Orléans qui, comme nous l'avons déjà dit, se prolongeait jusqu'à l'aile de Gaston. De l'autre côté, on remarque,
devant l'aile de François Ier, la galerie à arcades dont il a
déjà été parlé au sujet de la planche I. Il faut observer que
Félibien, qui a consacré une planche à chacune des autres
façades du château, n'en a pas réservé une pour la façade de
François Ier du côté de la cour et pour le célèbre escalier qui
en forme le motif principal et qu'on aperçoit seulement ici à
droite du dessin.

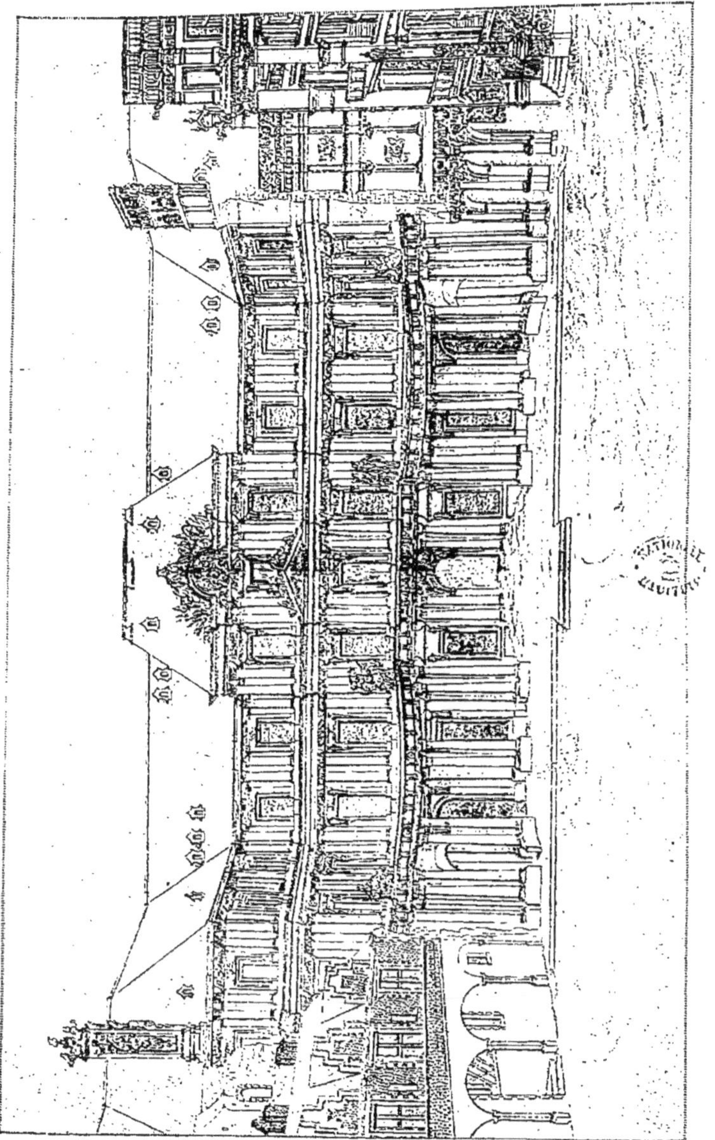

Planche VI.

PLANCHE VII

CHATEAU DE BLOIS

FIGURES QUI ORNENT LA FACE DU BASTIMENT DE MONSIEUR
DU COSTÉ DE LA COUR

(Fol. 31 v⁰ et 32 r⁰. — Dessin à la plume et au lavis.)

On distinguera aisément sur la planche précédente la place
occupée par les différents motifs de ce dessin. Au milieu et
en haut se voit le fronton circulaire qui couronne la partie
centrale de la façade, surmonté du buste en marbre de
Gaston d'Orléans, œuvre de Sarrazin; la tête en a été brisée
à la Révolution. Les deux figures représentées au-dessous
sont celles de Mars et de Minerve couchées sur le fronton
triangulaire qui occupe le milieu de la façade au-dessus du
premier étage; elles sont aujourd'hui mutilées et dégradées
au point d'être devenues presque informes. Les autres groupes
et figures, qui surmontaient la colonnade, étaient de la main
de Guillain; ils ont été brisés à la Révolution; d'après Félibien, le Mercure aurait reproduit les traits de Gaston
d'Orléans.

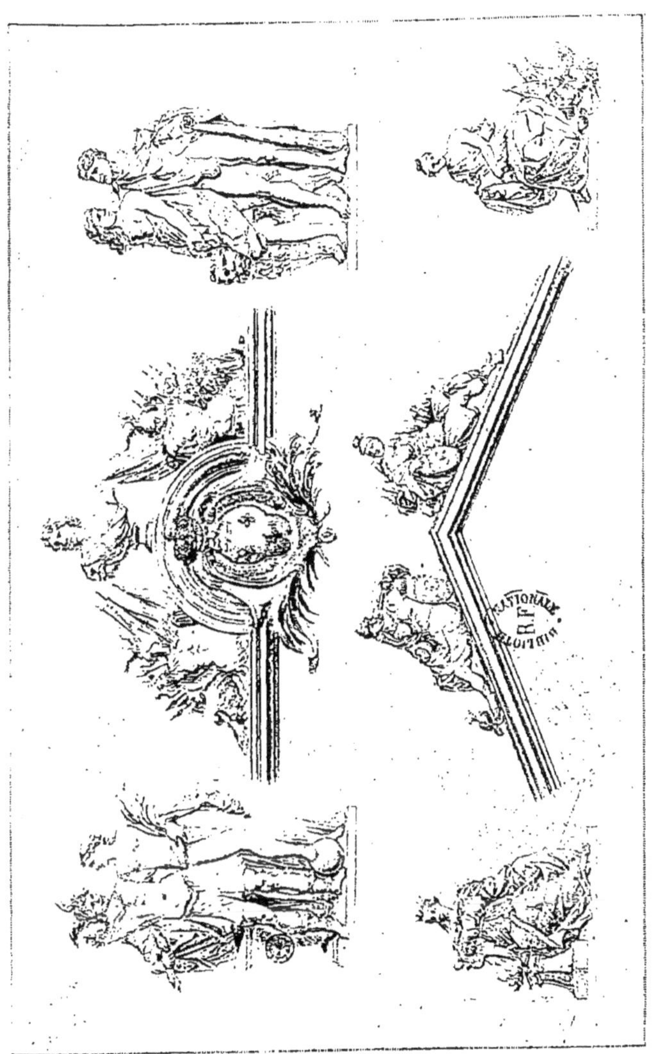

Planche VII.

PLANCHE VIII

CHATEAU DE BLOIS

FACE EXTÉRIEURE DU BASTIMENT DE FEU MONSIEUR
FAIT PAR LE SIEUR MANSARD

(Fol. 35 v° et 36 r°. — Dessin à la plume et à l'aquarelle.)

Cette façade de l'aile de Gaston d'Orléans du côté des fossés du château n'a subi aucune modification depuis cette époque. Il n'y a à signaler sur cette planche que les arrachements de pierre qu'on voit sur le soubassement du pavillon de droite : c'était l'amorce de murs qui eussent supporté de grands jardins en terrasse, que l'on avait projeté d'établir devant le bâtiment et qui n'ont jamais été exécutés.

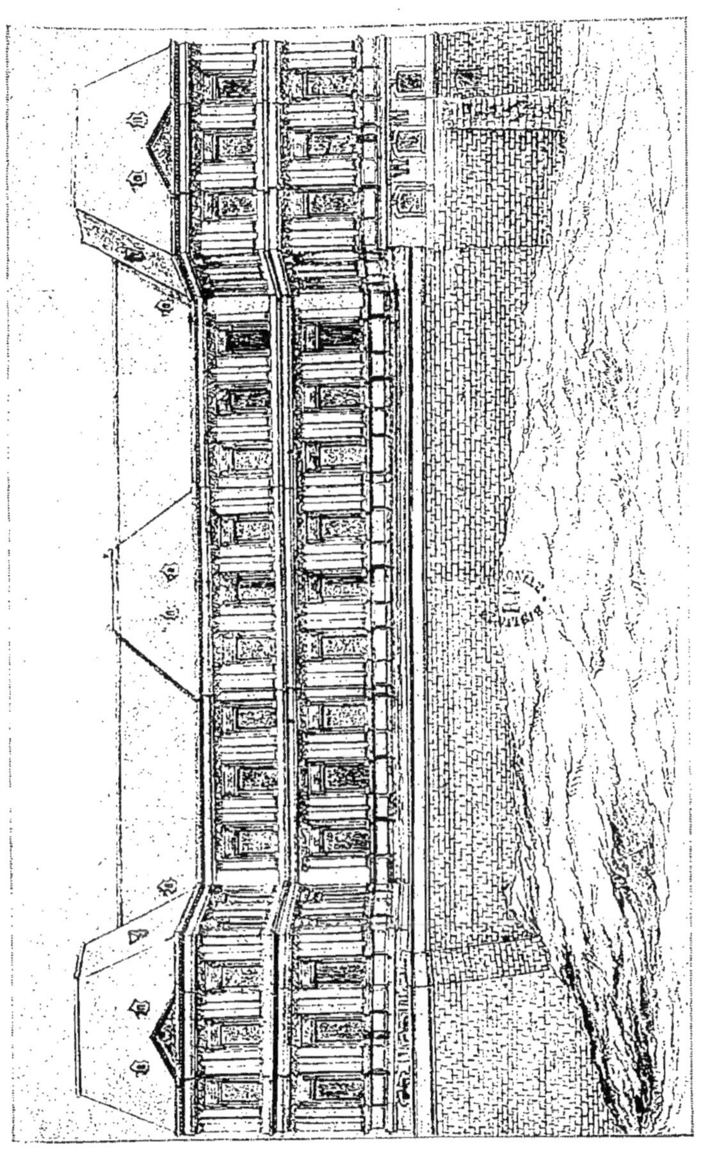

Planche VIII.

PLANCHE IX

JARDINS DU CHATEAU DE BLOIS

VEÜE DU PETIT BASTIMENT FAIT DANS LES JARDINS BAS
PAR LA REYNE ANNE DE BRETAGNE

(Fol. 39 v° et 40 r°. — Dessin à la plume et à l'aquarelle.)

Louis XII avait fait établir à l'ouest du château de Blois
de grands jardins en terrasse qui furent lotis et vendus à la
Révolution. Le pavillon représenté par cette planche est
le seul monument important qui en subsiste. La petite
construction en colombage qui forme le premier étage de
l'aile droite était une addition très postérieure; l'aile auparavant se terminait en terrasse et cette disposition a été
rétablie lors de la restauration de l'édifice. A droite, on voit
une galerie de charpente qui se prolongeait presque jusqu'à
la terrasse de l'Éperon et par où à l'origine on pouvait gagner
le château; les derniers vestiges de cette galerie ont disparu
de nos jours.

Planche IX.

PLANCHE X

JARDINS DU CHATEAU DE BLOIS

GRANDE GALLERIE FAITE PAR LE ROY HENRY IIII
DANS LES JARDINS BAS

(Fol. 43 v° et 44 r°. — Dessin à la plume et à l'aquarelle.)

Ce dessin a été déjà reproduit par Séjourné, *Les anciens jardins du château de Blois*, Saint-Mandé, Beucher, 1891, in-12, et partiellement, par M. Trouëssart, *Mémoires de la Société des Sciences et Lettres de Loir-et-Cher*, t. XVI, p. 276.

Cette galerie, longue de 200 mètres environ, était ouverte sur le jardin bas et adossée au mur de soutènement du jardin haut. Elle a été démolie vers le milieu du XVIIIe siècle.

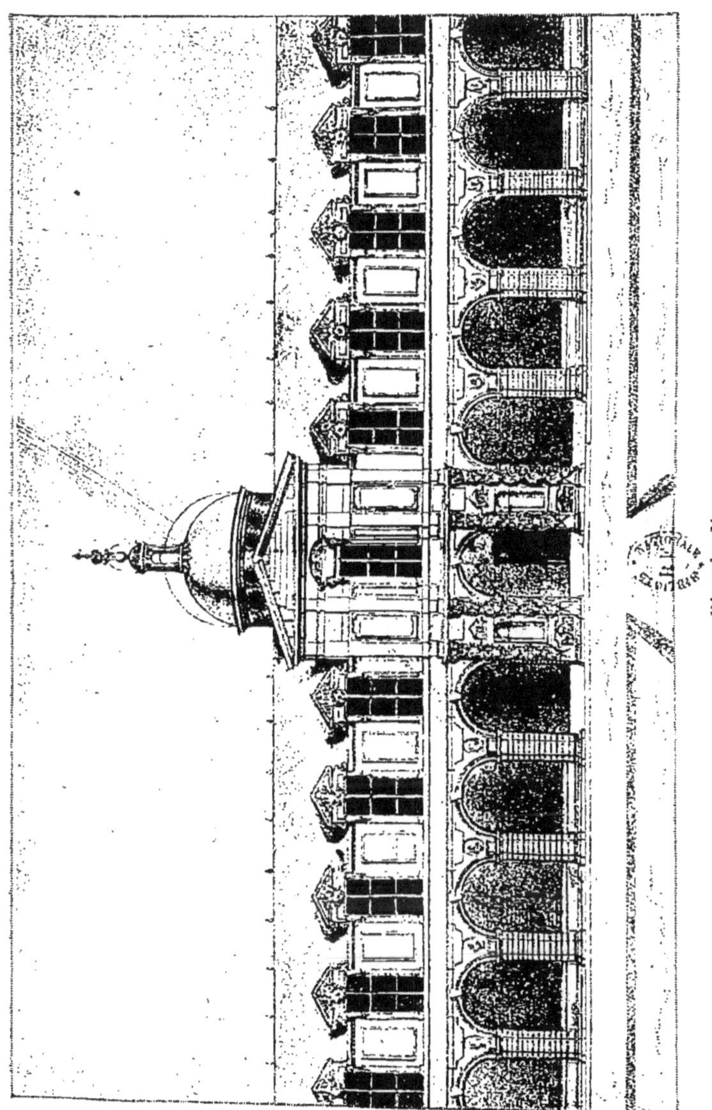

Planche X.

PLANCHE XI

LES MONTILS

VEÜE DU CHASTEAU DES MONTILS PRÈS BLOIS

(Fol. 47 v° et 48 r°. — Dessin à la plume et au lavis.)

« Tout le Bourg, dit Félibien, a esté ruiné par les guerres des Huguenots, et il ne reste du Chasteau que les murailles, presque toutes abbattues; car, comme le reste des édifices tomboit dans une entière ruine, l'on a depuis deux ans achevé de les démolir. On voit seulement les fossez qui l'environnoient avec un bastion du costé du Midy, et la Tour qui estoit au milieu du Chasteau ». Cette planche, où le dessinateur a sacrifié davantage au pittoresque qu'à l'exactitude archéologique, nous montre cependant que, si les abords du château ont été très modifiés, les ruines de l'édifice lui-même ont peu changé depuis les démolitions contemporaines de Félibien.

Planche XI.

PLANCHE XII

CHATEAU DE CHAMBORD

PLAN D'UN MODELLE FAIT POUR LE CHASTEAU DE CHAMBORG

(Fol. 52 v° et 53 r°. — Dessin à la plume et au lavis.)

Cette planche et les trois suivantes, concernant un modèle du corps de bâtiment central du château de Chambord, se rapportent au passage suivant du texte de Félibien. L'auteur, discutant diverses hypothèses sur l'attribution de ce monument à tel ou tel architecte, s'exprime ainsi : « D'autres ont pensé plus probablement que celuy qui en donna le dessein et qui conduisit l'ouvrage estoit de Blois, et demeuroit dans une maison qui appartient aujourdhuy à M. de Fougère, parce que cette maison est bastie du temps et à la manière de Chamborg, et que ce fut là qu'il fist un premier modelle du Chasteau pour le monstrer au Roy. Il est vray que l'on voit encore dans la même maison un modelle de bois assez bien taillé, et dont chaque face a quatre pieds de long. Véritablement il est tout rompu et gasté de pourriture, faute d'avoir esté conservé. Cependant sur les morceaux qui en restent, et que l'on a rapportez les uns auprès des autres le mieux qu'il a esté possible, on en a fait le plan et les élévations par lesquelles on peut juger de l'intention de l'architecte et de la différence de cette pensée à ce qui a esté exécuté ».

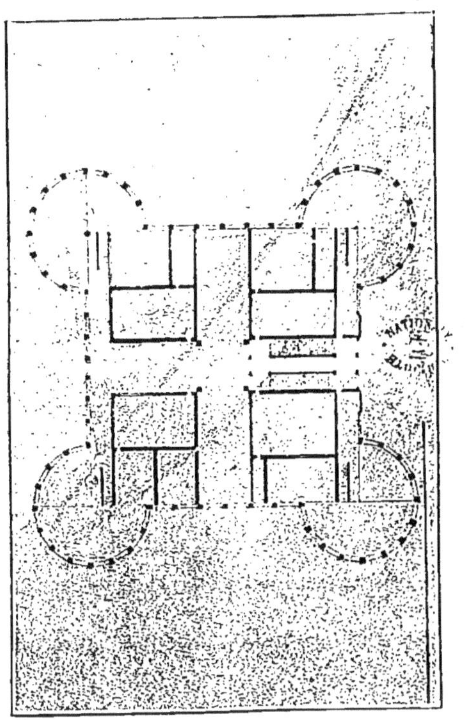

Planche XII.

PLANCHE XIII

CHATEAU DE CHAMBORD

FACE DE DEUANT DU MODELLE DU CHASTEAU DE CHAMBORG

(Fol. 54 v° et 55 r°. — Dessin à la plume et au lavis.)

Voir la notice de la planche XII.

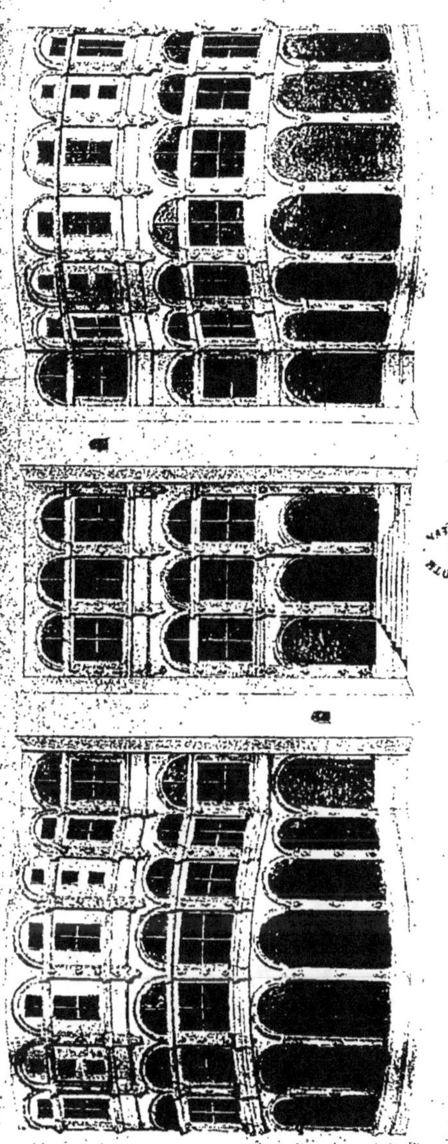

Planche XIII.

PLANCHE XIV

CHATEAU DE CHAMBORD

FACE DE DERRIÈRE DU MODELLE DU CHASTEAU DE CHAMBORG

(Fol. 56 v° et 57 r°. — Dessin à la plume et au lavis.)

Voir la notice de la planche XII.

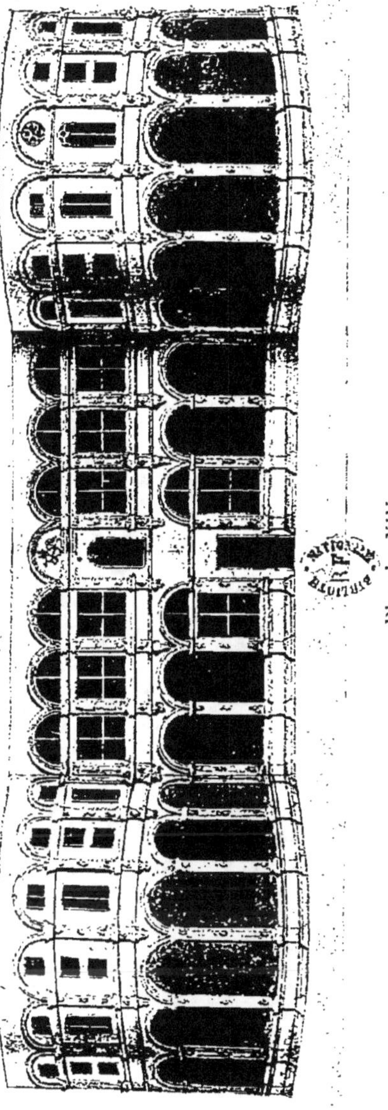

Planche XIV.

PLANCHE XV

CHATEAU DE CHAMBORD

FACE DES COSTEZ DU MODELLE DU CHASTEAU DE CHAMBORG

(Fol. 58 v° et 59 r°. — Dessin à la plume et au lavis.)

Voir la notice de la planche XII.

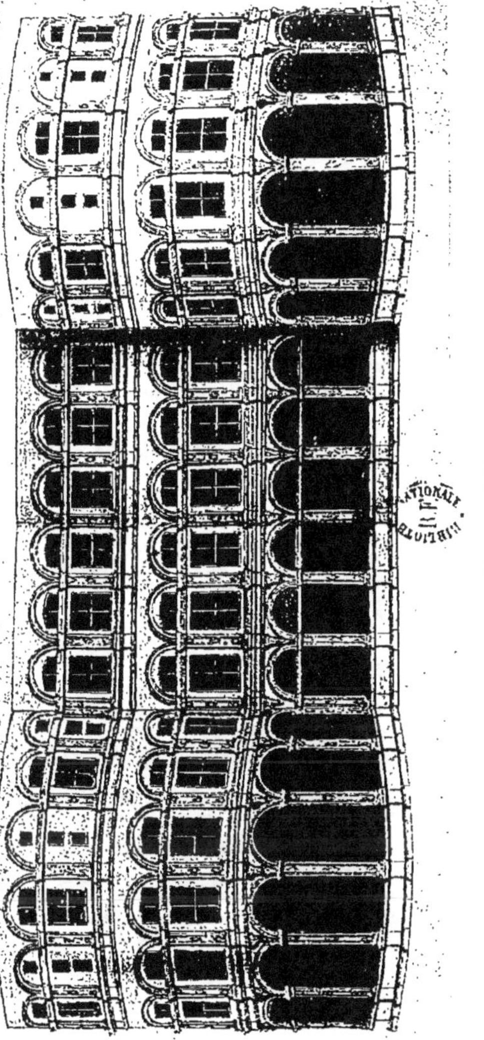

Planche XV.

PLANCHE XVI

CHATEAU DE CHAMBORD

VEÜE DU CHASTEAU DE CHAMBORG DU COSTÉ DU MARAIS

(Fol. 68 v° et 69 r°. — Dessin à la plume et à l'aquarelle.)

La façade nord du château de Chambord, qui est représentée ici, n'a pas subi de modifications depuis l'époque où la vit Félibien. On doit seulement remarquer que la tour de la chapelle, à l'angle ouest, est ruinée dans sa partie supérieure, ainsi qu'on le voit sur les autres gravures contemporaines.

Planche XVI.

PLANCHE XVII

CHATEAU DE CHAMBORD

PLAN DU CHASTEAU DE CHAMBORG,
TANT DE CE QUI EST ACHEUÉ, QUE CE QUI RESTE A FAIRE

(Fol. 72 v° et 73 r°. — Dessin à la plume et au lavis.)

Ce plan est tracé au niveau du premier étage pour les
parties en poché foncé et au niveau du rez-de-chaussée pour
les parties en poché clair. Il n'est pas très exact dans le
détail. On ne s'explique pas ce que le dessinateur entend en
parlant du plan de ce qui reste à faire; car, la décoration
sculptée mise à part, la construction du château de Chambord fut complètement terminée au xvi° siècle. Peut-être
fait-il allusion aux agrandissements exécutés au xvii° siècle
et qui ne paraissent pas avoir jamais été complètement
terminés. Il est à remarquer qu'on ne voit pas sur ce plan
de lettres de renvoi, bien que le texte s'y réfère sans cesse
dans la description du château.

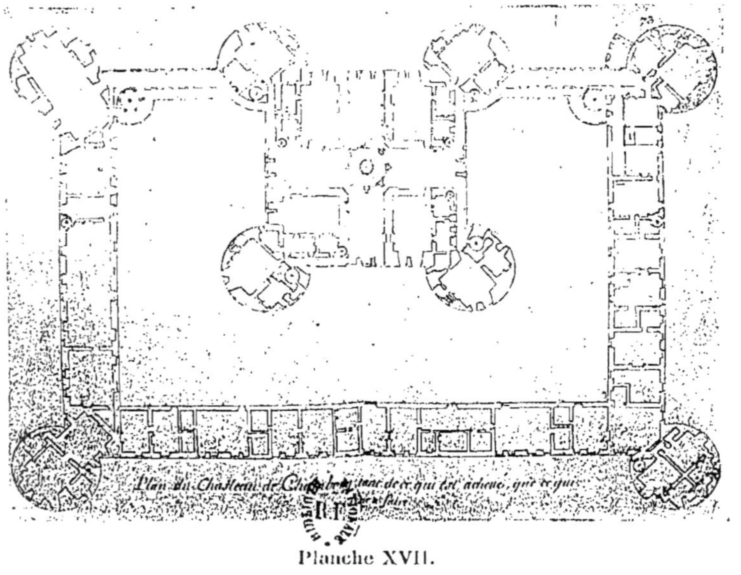

Planche XVII.

PLANCHE XVIII

CHATEAU DE CHENONCEAUX

PLAN DU CHASTEAU DE CHENONCEAUX

(Fol. 77 v° et 78 r°. — Dessin à la plume et à l'aquarelle.)

Cette planche ne donne le plan que du corps de logis principal élevé au milieu du Cher par Thomas Bohier, et on y voit seulement l'amorce de la longue galerie ajoutée postérieurement par Catherine de Médicis. La seule modification à signaler est la suivante. Sur la gauche du dessin, faisant saillie sur la masse quadrangulaire de la construction, se détachent deux avant-corps, l'un en bas renfermant la chapelle, l'autre en haut contenant deux petites pièces; entre ces deux avant-corps on voit une pièce rectangulaire que Catherine de Médicis avait fait édifier à la place de la terrasse qui existait antérieurement à cet endroit. Cet appartement à deux étages a été détruit et la disposition primitive rétablie en 1867. Il est à remarquer que le dessinateur a représenté la façade principale du château avec son plan primitif et non avec les dispositions qui existaient alors et que nous allons signaler à propos de la planche suivante.

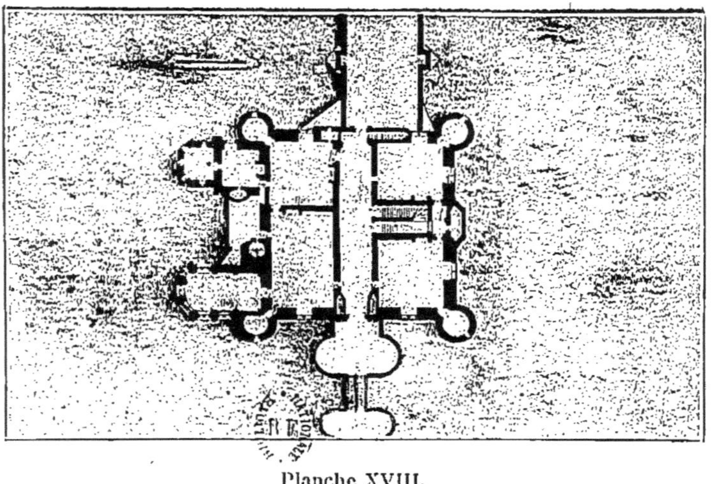

Planche XVIII.

PLANCHE XIX

CHATEAU DE CHENONCEAUX

VEÜE DU CHASTEAU DE CHENONCEAUX, DU COSTÉ DE LA COUR

(Fol. 79 v° et 80 r°. — Dessin à la plume et à l'aquarelle.)

La disposition de cette façade a été sensiblement modifiée par les travaux de restauration, au cours desquels on a rétabli l'état antérieur aux remaniements exécutés par Catherine de Médicis. Primitivement la pièce voisine de la chapelle, à l'un comme à l'autre étage, était éclairée par deux fenêtres ouvertes l'une dans cette façade au-dessous de la lucarne, l'autre sur la terrasse dont nous avons parlé dans la notice de la planche XVIII; la construction par Catherine de Médicis d'un appartement sur cette terrasse vint aveugler la seconde fenêtre. Pour éclairer les pièces ainsi privées d'une partie de leur lumière, on décida de remanier complètement la façade principale en ouvrant à chaque étage deux fenêtres au lieu d'une seule, pour éclairer chaque salle; par raison de symétrie, on fit la même modification à l'autre moitié de la façade; enfin les quatre trumeaux, au milieu de chaque groupe de deux fenêtres, furent décorés de quatre grandes cariatides. Ces nouvelles dispositions ont été détruites lors des travaux de restauration et l'on a rétabli la façade en son état primitif; les cariatides sont conservées dans le parc du château, où elles ornent une sorte de portique.

Planche XIX.

PLANCHE XX

CHATEAU DE CHENONCEAUX

VEÜE DU CHASTEAU ET DE LA GALLERIE DE CHENONCEAUX
DU COSTÉ DE LA RIUIÈRE

(Fol. 81 v° et 82 r°. — Dessin à la plume et à l'aquarelle.)

Sur la droite du dessin, entre la chapelle et l'avant-corps
symétrique, on voit l'appartement à double étage élevé par
Catherine de Médicis sur la terrasse qui existait antérieurement à cet endroit, comme il est expliqué dans les notices
des planches précédentes. Le corps principal du château et
la galerie de Catherine de Médicis n'ont d'ailleurs subi aucune
autre modification importante.

Planche XX.

PLANCHE XXI

MONTRICHARD

VEÜE DU CHASTEAU ET DE LA VILLE DE MONTRICHARD

(Fol. 87 v° et 88 r°. — Dessin à la plume et au lavis.)

Cette vue pittoresque de la petite ville de Montrichard, sur les bords du Cher, nous fournit aussi quelques renseignements. Nous savons que le château ruiné qui domine la ville fut démantelé par Henri IV et que les bâtiments de la Renaissance, qui s'élevaient au pied du donjon roman, achevèrent de s'écrouler en 1753, entraînant dans leur chute une partie de l'église Sainte-Croix, située au-dessous d'eux à flanc de coteau. Si nous n'avons donc à signaler aucun changement bien important pour le donjon et pour les fortifications démantelées du château, ce dessin nous montre, en revanche, les constructions de la Renaissance encore bien conservées à cette époque, à l'exception de la toiture en ruines, et, à leurs pieds, l'ancienne église Sainte-Croix, restaurée depuis et même en partie reconstruite au xixᵉ siècle. On voit également ici, entourant les vieilles maisons à pignon aigu, comme on en voit encore plusieurs à Montrichard, les restes des anciens remparts de la ville et notamment une porte fortifiée qui s'ouvrait à l'extrémité du vieux pont du moyen âge.

Planche XXI.

PLANCHE XXII

CHATEAU DE CHAUMONT

VEÜE DU CHASTEAU DE CHAUMONT
DU COSTÉ DE LA RIUIÈRE DE LOIRE

(Fol. 95 v° et 96 r°. — Dessin à la plume et à l'aquarelle.)

Cette vue du château nous intéresse particulièrement parce qu'une partie des constructions qu'elle représente a disparu. La tour ronde à droite et le bâtiment flanqué d'une tour carrée qui lui fait suite existent encore, de même que la tour ronde à l'extrémité opposée et la chapelle qui lui est contiguë et dont on aperçoit ici l'abside. Mais le corps de logis percé d'une porte, au milieu du dessin, et les bâtiments situés entre celui-ci et la chapelle ont été détruits au xviii° siècle et remplacés par une simple balustrade, de sorte que de la cour, qui était autrefois entourée de bâtiments sur ses quatre faces, on jouit maintenant d'une belle vue sur la vallée de la Loire. Ces constructions, au dire de Félibien, étaient les plus anciennes du château et contenaient « une grande salle fort spacieuse qui a veüe du costé de l'eau », où Catherine de Médicis aurait « tenu ses assemblées, quand elle conféroit avec les astrologues et les devineurs ausquels elle avoit beaucoup de foy ». « De la ville, dit encore Félibien, on peut aller à pied au chasteau par une montée assez roide, qui rend à une porte qui regarde la rivière ». C'est cette montée que l'on voit à gauche du dessin.

Planche XXII.

PLANCHE XXIII

CHATEAU DE CHAUMONT

VEÜE DU CHASTEAU DE CHAUMONT
DU COSTÉ DE LA PLAINE

(Fol. 97 v° et 98 r°. — Dessin à la plume et à l'aquarelle.)

Cette partie du château, construite sous Louis XII par Charles d'Amboise, existe encore aujourd'hui et, sauf la création à ses abords de jardins, dont Félibien regrettait l'absence, nous n'avons aucune modification notable à signaler.

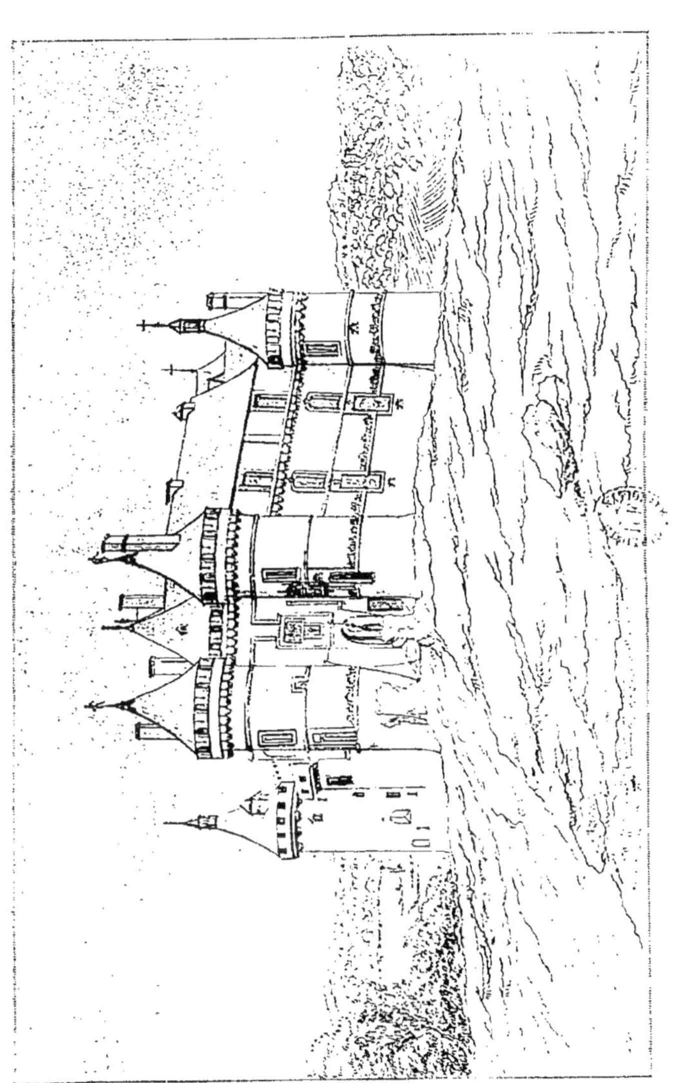

Planche XVIII.

PLANCHE XXIV

CHATEAU DE CHEVERNY

VEÜE DU CHASTEAU DE CHIUERNY
DU COSTÉ DE LA COUR

(Fol. 101 v° et 102 r°. — Dessin à la plume et à l'aquarelle.)

Ce château, bâti pour Henri Hurault par l'architecte blésois Boyer un demi-siècle à peine avant l'exécution de ce dessin, n'a pas subi depuis de modifications très importantes. Il faut signaler cependant que, au rez-de-chaussée et au premier étage des pavillons latéraux, le dessinateur n'a représenté que deux fenêtres au lieu de trois qui existent à présent. On remarquera aussi que différents motifs de cette façade, notamment le fronton de la porte principale et la niche qui couronne le pavillon central, sont beaucoup plus ornés qu'aujourd'hui. « Sur le haut de l'entablement du pavillon du milieu, dit Félibien, il y a aussy une niche remplie d'un buste, et au-dessus trois figures assises qui servent d'amortissement ». Ces trois figures assises, qui se voient nettement sur le dessin de Félibien, n'existent plus aujourd'hui.

Planche XXIV.

PLANCHE XXV

CHATEAU DE MENARS

VEÜE DU CHASTEAU DE MENARS

(Fol. 106 v° et 107 r°. — Dessin à la plume et à l'aquarelle.)

Cette planche nous fait connaître l'état du château de Menars au temps de Jean-Baptiste Charron, dit le président de Menars, avant les transformations considérables entreprises au siècle suivant par Mme de Pompadour et le marquis de Marigny. Le corps de logis principal et ses deux pavillons, construits par Guillaume Charron vers 1645, existent encore aujourd'hui et ont subi peu de modifications, sauf un léger changement dans la toiture du bâtiment central qui rejoint actuellement celle des pavillons. Les deux ailes non symétriques élevées par le président de Menars ont au contraire été détruites pour faire place aux ailes actuelles élevées du temps de Mme de Pompadour. A droite du château, une longue allée d'arbres occupe déjà l'emplacement où se trouve encore la célèbre allée de tilleuls. La flèche de l'église, que l'on aperçoit derrière une des ailes du château, est celle qui existe encore aujourd'hui. Sur la droite du dessin, une grotte et des blocs de pierres de taille indiquent sans doute l'emplacement des carrières dont il est question dans le texte de Félibien.

Planche XXV.

Paris. — L. MARETHEUX, imp., 1, r. Cassette.